NOUVEAU GUIDE

DES DINEURS.

IMPRIMERIE DE GUIRAUDET,
RUE SAINT-HONORÉ, nº 315.

NOUVEAU GUIDE
DES DINEURS

OU

RÉPERTOIRE

DES RESTAURANTS A LA CARTE

ET A PRIX FIXE

DES CAFÉS, TABLES D'HÔTE, PENSIONS BOURGEOISES, MARCHANDS DE VIN, PATIS-SIERS - TRAITEURS DE PARIS, DE SES EN-VIRONS, ET DES PRINCIPALES VILLES DE FRANCE ET DE L'ETRANGER ;

A l'usage des bons vivants,

Par C*** G***

PARIS,

J. BREAUTÉ, LIBRAIRE,

PASSAGE CHOISEUL, N. 62.

1828.

NOUVEAU GUIDE

DES DINEURS.

RESTAURANTS A LA CARTE.

Meunier-Véry, *Palais-Royal, galeries de pierre, n° 83 ; deuxième entrée, rue Beaujolais, n° 13.*

Dès qu'un estomac étranger débarque à Paris, c'est la première table qu'il va visiter, et, une fois qu'il l'a connue, il y revient souvent. C'est qu'il est bien sûr d'y manger toute l'année du poisson aussi frais que dans la mer, du gibier excellent, des pieds farcis aux truffes, des papillottes de volaille, des andouilles de filets de volaille aux truffes, des boudins, des papillottes de perdreaux aux truffes, de cervelles, et même de macaroni : le tout accommodé dans les meilleurs principes de l'art, et arrosé de vins choisis, vieux et naturels. Ce peu de mots suffit pour donner une idée de ce qu'est le restaurant de M. Véry, qu'on peut appeler le palais des restaurants et le restaurant du palais.

GRIGNON, *rue Neuve-des-Petits-Champs, n° 4, au premier.*

C'est chez M. Grignon que reposent paisiblement depuis long-temps le Champenois auprès du Gascon, le Bourguignon et l'Espagnol, le Portugais et le Languedocien, et le grave Comtois à côté du Basque. Il n'y a guère chez lui de vins au-dessous de 6 fr. la bouteille ; mais, lorsqu'on les a dégustés, l'on ne regrette pas son argent : car des vins naturels, vieux et parfaits, sont une chose inappréciable à Paris. M. Grignon le sait bien, et il a raison de s'en prévaloir. Il est de plus excellent cuisinier ; et, lorsqu'on veut faire des dîners à 20 fr. par tête (le vin non compris), c'est à lui qu'on s'adresse. C'est dire assez qu'une telle maison ne convient qu'aux hommes opulents ; mais aussi, pour son argent, on est sûr, avec M. Grignon, de faire toujours une chère excellente, et souvent on paie ailleurs presque autant pour en faire une très médiocre.

Les Frères Provençaux, *Palais-Royal*, *galeries de pierre*, *n° 98, au premier ; deuxième entrée, rue Beaujolais, n° 3.*

Les Frères Provençaux sont renommés pour les ragoûts de leur pays, et surtout par leurs *brandades* de merluche. On assure que l'on ne saurait en manger nulle part de comparables aux leurs.

Borel, Rocher-de-Cancale, *rue Montorgueil, n° 61, et rue Mandar, n° 2.*

Non seulement l'on y mange les meilleures huîtres de Paris, et *en toute saison ;* mais on continue d'y faire une chère tout à la fois bonne, délicate et salubre. Les meilleurs poissons de mer et d'eau douce s'y donnent journellement rendez-vous avec les plus succulentes volailles de la Normandie et du Maine ; et le gibier le plus parfumé se plaît à partager sans cesse les douceurs de ces têtes-à-têtes. Rien n'est plus appétissant que l'étalage nutritif qu'on voit dans cette boutique, et qui varie sans cesse. La beauté des

pièces, toutes troussées et toutes parées,
leur fraîcheur, leurs propreté, forment
un ravissant coup-d'œil, et les gourmands s'arrêtent avec volupté devant cet
amphithéâtre nutritif. Il n'y a point dans
Paris de cartes de restaurateur plus ap-
pétissantes que celle-là, ni de *montres*
plus faites pour induire en tentation,
sans même en excepter les plus jolies de
celles qui sont toujours disposées à son-
ner pour les passants l'heure du berger.

Angilbert et Guerraz, *glaciers*, Café
de Paris, *rue Taitbout, n° 1, et boulevart des Italiens, n° 16.*

Ce restaurant soutient toujours sa haute
réputation; la foule des opulents consommateurs abonde dans cette maison, qui
est tenue dans le très grand genre, et
gouvernée avec autant d'ordre que de dé-
cence et de soin. La cuisine et la cave y
sont excellentes, et l'on y est servi avec
cette recherche, ce luxe et cette élégance
de propreté, qui, s'ils ne constituent pas
essentiellement la bonne chère; ajoutent
cependant beaucoup à son mérite.

Hamel Frères, Café Hardy, *boulevart des Italiens, n° 12.*

Pour les déjeûners à la fourchette, cet établissement est connu par tous les connaisseurs pour le premier de Paris. Outre ses rognons et ses côtelettes, nous recommandons aux véritables gourmands ses membres de volaille en papillotes savantes, ses émincés de volaille aux truffes, ses andouilles farcies aux truffes, ses champignons en coquilles : ce sont des plats confectionnés dans tous les principes de l'art, et qui donneraient de l'appétit à un agonisant.

Riche, *rue Lepelletier, n° 1.*

Sa manière de traiter n'est pas moins savante que somptueuse, et tout ce qu'il sert atteste un artiste consommé dans son art. Ses vins répondent, par leur choix, à la bonté de sa cuisine.

Ce restaurant convient principalement aux généraux, aux riches gourmands, et surtout aux étrangers opulents.

LAITER, *rue Castiglione.*

Quoi! vous faites le jeune homme à la mode et vous ne connaissez pas le nouveau restaurant *Laiter*. Ah! c'est ignorer le vrai bonheur: car il y en a là pour tous les goûts et même pour l'estomac le plus ministériel.

Les mets les plus exquis se pressent dans cet appétissant empire des morts: qui ne saurait faire de peur aux vivants. Le luxe et la richesse y brillent de toutes parts... Mais vous allez peut-être me dire : Le luxe ne se mange pas. J'en conviens, messieurs ; cependant le luxe n'est-il pas à un bon dîner ce que la parure est à la beauté: et quelle félicité pure l'estomac et le cœur ne goûtent-ils pas alors avec l'une et l'autre.

PÉTRON, *boulevart Montmartre, n° 1, à côté du théâtre des Variétés.*

La cuisine de M. Pétron est excellente ; et, quoique moins recherchée que celle de Véry, elle convient à plus de monde. Ses vins sont naturels et vieux, et l'affluence du public dans cette maison prouve que l'on sait très bien y tourner la marchandise au goût de l'acheteur.

LOINTIER, *rue Grange-Batelière, n° 6, et rue Richelieu, n° 104.*

La foule des élégants consommateurs se porte toujours chez M. Lointier, et il paraît que l'on continue à y être très bien servi : c'est, comme l'on sait, une maison dans le grand genre, et M. Lointier s'est placé au rang des premiers restaurateurs de Paris.

LEBAIGUE, au Cadran Bleu, *boulevart du Temple, n° 25.*

Il ne va chez M. Lebaigue que des amateurs de première classe, pour qui une pièce d'or n'est rien quand ils trouvent à l'échanger contre un excellent repas, arrosé des meilleurs vins de l'Europe.

CHATELAIN, *Palais-Royal, galeries de pierre, n° 74.*

Ce restaurant attire toujours un très nombreux concours ; la cuisine en est très bonne, beaucoup moins chère, et, par conséquent, à la portée d'un plus grand nombre de consommateurs. Ainsi, tandis que les opulents étrangers, les ambassadeurs, etc., vont chez Véry se mirer dans l'acajou et les glaces, et faire dans l'argent, l'or et la porcelaine, une chère savante et très recherchée, les gourmands d'un ordre mitoyen se rendent chez M. Châtelain, pour y faire à moins de frais un dîner très bon et bien soigné dans toutes ses parties.

BANCELIN, *avenue de Neuilly, n° 1.*

Sa cave, considérable et bien choisie, jouit, auprès des amateurs, d'une excellente réputation.

BEAUVILLIERS, *avenue de Neuilly, n° 28.*

C'est toujours une maison fréquentée par un grand nombre de sociétés bourgeoises, et dans laquelle il se fait journellement des parties.

DESMARES, Café-Restaurant, *rue de l'Université, n. 25, et rue du Bac, n. 84.*

M. Desmares tient un rang distingué parmi les bons restaurateurs de Paris.

Café Byron, *boulevart des Capucines, n. 3.*

Nous sommes dans l'âge d'or de la gourmandise, et jamais le règne de la truffe n'a été plus florissant que dans cette dernière saison. Aussi voyez comme tous les propriétaires d'établissements gastronomiques ont une figure de prospérité; tout leur réussit. Il y a environ un an que M. Dagneaux a ouvert, sur le boulevart des Capucines, un café-restaurant qu'il a mis sous la protection du nom de Byron.

Le *Café Byron* a atteint aujourd'hui la vogue des maisons les plus renommées en ce genre. Sa charmante terrasse, située sur le boulevart même, est devenue le rendez-vous des gens du meilleur ton, probablement parce qu'ils savent qu'ils ne trouveraient nulle part des glaces et des sorbets de meilleur goût.

Café-Restaurant Lyonnais, *boulevart Saint-Martin, n. 33.*

Les voyageurs aiment naturellement à retrouver, loin de leurs foyers, des objets qui leur rappellent le pays natal :

c'est pour être agréable aux Lyonnais que leurs affaires ou leurs plaisirs appellent à Paris, que je leur indique le nouveau *Café Lyonnais*, établi récemment par M. Micoland, leur compatriote, au centre des agréments de la capitale.

M. Micoland a pensé avec raison que les gourmands des bords du Rhône aimeraient à savourer les mets favoris de la contrée qui les a vus naître, de même qu'un ventru de la Dordogne voit avec délices, sur la table d'une excellence, le tubercule ravi par des pourceaux à sa terre natale. M. Micoland s'est mis en correspondance avec les marchands de comestibles les plus famés de Lyon ; on pourra trouver chez lui le cervelas truffé, le saucisson cru, le fromage du Mont-d'Or, et tous les produits gastronomiques du département du Rhône.

CAFÉ SAINT-EUSTACHE, *rue Neuve-Saint-Eustache, n.* 4.

Cet établissement est parfaitement tenu, tant pour le service que pour la qualité des objets de consommation. Nous le recommandons aux amateurs, qui y trouveront, dans les salons, des déjeûners à la fourchette, et un superbe billard sortant des ateliers de M. Chereau.

CAFÉ DU ROI, *rue Saint-Honoré, n. 196, au coin de la rue Richelieu.*

Le nombre des cafés s'est considérablement accru depuis quelques années, et bien qu'un grand luxe ait été déployé dans la plupart de ces établissements, les derniers venus trouvent le moyen d'enchérir encore sur le goût et la richesse des ornements de leurs devanciers : c'est ce qu'a fait M. Désiré. La beauté de son café n'est pas seulement ce qui le recommande aux amateurs ; il a voulu que leur palais ne fût pas moins satisfait que leurs yeux : aussi les liqueurs, glaces, chocolats, tout y est de première qualité. Le *Café Désiré* prendra rang parmi nos premiers établissements de ce genre, et les prix modérés des objets de consommation doivent lui assurer de nombreux visiteurs.

CAFÉ D'ORLÉANS.

Le *Palais-Royal* possède depuis quelque tems un magnifique établissement de plus ; le *Café d'Orléans*, galerie vi-

16

trée , du côté du Théâtre Français , vient d'être mis à neuf; les objets de consommation sont excellents, et, ce qui ne peut manquer de plaire, une très jolie dame orne le comptoir de ce café.

Café de Foy, *Palais-Royal, galeries de pierre, n. 59.*

L'un des plus anciens et des meilleurs cafés de Paris. Son propriétaire, M. Lemaître, vient de réduire le prix des rafraîchissements. Les glaces, sans avoir rien perdu de leur quantité et de leur qualité, s'y vendent 15 sous au lieu de 20, et les carafes de groseille, limonade, etc., 12 sous au lieu de 15. Les salons du premier, restaurés à neuf, reçoivent tous les jours une société nombreuse.

Café Tessier. Café Condamine.

On voit au *Café Tessier* de fort belles glaces, de superbes candelabres, et une dame de comptoir on ne peut plus élégante, et dont les diamants étincellent des feux les plus vifs. Mais quand on goûte des carafes de groseille du café Tessier, on prend note tout de suite qu'il existe un café de la Bourse au coin de la rue Vivienne, et un *Café Condamine*, rue des Colonnes, n. 12, près du Théâtre Feydeau.

Café Talma, *rue Neuve-des-Petits-Champs, n. 40, et passage de Choiseul, n. 1ᵉʳ.*

Le nom est heureux. La salle, décorée avec autant de goût que de recherche, est à la fois élégante et riche, et ce sanctuaire aimable mérite quelque préférence, surtout de la part des dégustateurs qui savent apprécier

« Cette liqueur si chère
« Qui manquait à Virgile et qu'adorait Voltaire. »

Le chef de cet établissement, passe en effet, pour préparer avec un art particulier la précieuse fève que nous donna l'Arabie. Salon restaurant et cabinets de société au premier.

Café-Restaurant *du passage de Choiseul, rue Neuve-Saint-Augustin.*

Une salle, élégamment décorée, offre aux amateurs ce qu'il y a de plus exquis dans ce genre de consommation. Mais voulez-vous jouir de la tranquillité, montez au premier, où la main diligente de l'écaillère ouvre l'huître du déjeuner. Vous le voyez, ces cabinets, chers à Comus, sont décorés avec élégance. C'est là que l'homme de loi vient déposer la gravité auprès de la poule exquise qui n'est plus à plumer. C'est là que le *chablis* et le *champagne* font naître des idées, même à nos percepteurs de contributions. Enfin, la qualité des objets promet à ce nouvel établissement une réputation méritée.

Café du Diorama.

Economie et plaisir est la devise des sages, et les sages sont presque toujours d'honnêtes employés mis à la pension de réforme, de bons marchands retirés du commerce avec un petit bénéfice ; enfin des rentiers qui, pour ne pas jouir d'un revenu considérable, n'ont pas moins le désir de jouir des avantages réservés à la grande propriété : c'est pourquoi je leur conseille d'aller rendre visite au *Café du Diorama*, boulevart Saint-Martin. Des salons richement décorés, la collection des journaux, l'avantage de flâner gratuitement dans ce bel établissement, doivent attirer la foule des curieux. Les consommateurs ne seront pas moins surpris de voir qu'on leur sert pour la modique somme de 60 cent. les glaces ou sorbets les plus délicats, pour 50 cent. le meilleur moka et le plus vieux cognac, et pour 35 cent. le violent faro.

Café Turc, *boulevart du Temple, n.* 29.

« Où diable me conduis-tu? — Viens toujours...— Ah! des rangées de chaises..., du beau monde!... Mais voilà un petit boulevart de Gand!... Pas mal pour le Marais! — N'est-ce pas? Mais tu seras bien plus étonné... Voici le Jardin Turc... Entrons. — Quelle est cette foule qui se presse à l'entrée du billard?... Approchons...: deux champions, le front tout en sueur, l'œil fixé sur une bille, semblent méditer une affaire d'état. — C'est Bl***, le caramboleur, dont le jeu brillant fixe tous les regards... Vois cette galerie de vieux rentiers, qui, le nez collé sur leurs cannes à pommeau d'ivoire, se réveillent à point nommé pour juger un coup extraordinaire!...— Laissons-les s'abandonner à leur douce contemplation;

dirigeons plutôt nos pas vers l'intérieur du jardin... — Je le veux bien. — Prenons cette allée du milieu qui conduit à cette grotte égyptienne. — C'est ce qu'on appelle le *parterre*. — Ah!... voilà des femmes charmantes... — C'est là que les cancans ont établi leur état-major. — Mais c'est un petit paradis que ce parterre-là, diable m'emporte! » Tout à coup, un individu vêtu d'un habit couleur brique, coiffé d'un feutre à large bord et à figure hétéroclite, s'empare d'une table et appelle le garçon. — « Me voilà, Monsieur. — Quelle heure est-il, garçon? — Est-ce à la vanille que vous la demandez? — Non: je vous demande l'heure qu'il est? — On va vous servir. — C'est délicieux, s'écria mon compagnon... Mais regarde donc... là..., à droite..., cette tête de giraffe... C'est une habituée; elle s'installe tous les soirs à la même place pour critiquer la toilette les passants. — Elle est gentille, parole d'honneur!... Ah! voilà un petit pont qui a un aspect tout-à-fait pittoresque. —Ce n'est rien, mon cher : c'est le pont aux ânes. Viens plutôt rôder autour des bosquets : tu seras bien autrement surpris. — J'y consens; entrons dans les bosquets! —Tiens..., par ici... Entends-

tu ? — J'entends partout chuchotter autour de moi...; mais je ne vois rien.— St!
ne troublons pas ces tendres mystères...
Chut! — Ecoutons. « Ce qui me vexe,
c'est que tu as fait des cancans sur mon
compte. — Pas vrai. — Tu as dit à Erness
que j'ai été à la Chaumière avec Achille.
—Erness est un craqueur; je n'ai jamais
dit cela. — Il y a plus d'un mois que je
ne suis plus avec Achille. — Je le sais bien,
mais je n'ai rien dit.— Si fait, tu l'as dit!
— Joséphine, tu me fais de la peine! —
Ce n'est pas moi qui *est* allée avec Achille... » Ici, mon compagnon ne put s'empêcher d'éclater, et nous nous éloignâmes
promptement pour ne point nous faire
une affaire avec l'ami de M. Erness... « Ma
foi, s'écria-t-il, vive le Jardin Turc! On
y mène de front les rafraîchissements, les
cancans, le carambolage et l'amour! »

Mais dix heures sonnent : les notabilités
du Marais se retirent; bientôt un morne
silence règne dans le jardin ; il n'est in-
terrompu que par le bruit monotone des
billes sur lesquelles un des garçons fait son
apprentissage ; les lumières s'éteignent ;
il fait nuit. « Déjà ! s'écria mon ami...
Fuyons ce sot quartier, où l'on se couche
à dix heures, et volons rue du Helder,

chez madame B***, ou le jour commence. — J'y consens. — Se coucher à dix heures! quelle horreur! —Quel scandale ! —Peste soit du Marais ! »

CAFÉ DE MALTE , *rue de l'Arbre - Sec , n. 47.*

Ce café, un des plus anciens et des plus renommés de la capitale, avait, depuis plusieurs années, changé son titre contre celui de *Café Lefévre.* Un limonadier avantageusement connu, M. BILLOT, vient de rendre à cet établissement le titre de *Café de Malte.* M. BILLOT ne s'est pas borné à cela : sachant qu'un titre ne signifie rien s'il n'est appuyé de quelque peu de mérite , il s'est attaché à rendre le *Café de Malte* digne de son ancienne réputation.

CAFÉ GALLOIS , *rue du Cygne , cloître Saint-Jacques-l'Hôpital , n. 8.*

La manière dont on est servi dans cet établissement, la justesse des billards, doivent y attirer la foule. On remarque particulièrement les lampes des billards et du comptoir ; elles sont d'un nouveau genre perfectionné par M. Rimbert, mécanicien distingué. M. GALLOIS a fait preuve de hardiesse en s'établissant dans une rue fort belle par l'entrée du Cloître, et des rues de la Grande - Truanderie et Mauconseil, mais qui se trouve entièrement obstruée par une maison isolée au milieu de la rue du Cygne, par l'entrée principale de la rue Saint-Denis. Nous pensons que ce nouveau quartier, qui s'embellit chaque jour, engagera l'autorité à veiller à ce que les immondices ne rendent pas plus long-temps impraticable une partie de la rue du Cygne.

RESTAURANT DES NOUVEAUTÉS *rue Feydeau, n. 28.*

On y trouve une carte très variée. Les vins sont de première qualité ; plusieurs salons, chambres et cabinets de société, décorés avec goût, sont ouverts aux consommateurs, qui n'ont rien à désirer pour la propreté et la promptitude du service.

Déjeûners, dîners et soupers. Potages le soir.

Veuve Hochu, *rue de Vaugirard*, *n*. 28.

Madame Hochu réunit chez elle chaque jour deux à trois cents consommateurs. Elle donne à cinq sous le plat d'assez bonnes choses, et ses plats ne sont point des palettes comme ceux de beaucoup de ses confrères : elle est le Véry des pauvres diables.

Lemaire, *rue du Faubourg-Poissonnière,*
n. 38.

Si ce restaurateur était établi dans un quartier plus brillant et plus fréquenté, il ne tarderait pas à obtenir une grande vogue ; mais il paraît que son ambition se borne à satisfaire un petit nombre de connaisseurs, et qu'il aime mieux peser que compter les suffrages.

Restaurant, *rue Dauphine*, *n*. 10.

Tous les plats sont indistinctement fixés à 50 c. ; le vin ordinaire, 1 fr. la bouteille. — Quinze cachets, 25 fr. On a : pain, demi-bouteille de vin de Mâcon, deux plats à volonté, et un dessert.

Il y a cinq salons et six cabinets, ayant une entrée particulière.

Julien, *café de la* Boule-Rouge, *rue du Faubourg-Montmartre, n.* 18.

Dîners, déjeûners chauds et froids, servis dans le meilleur goût.

P. Delauney, *tenant l'*Hôtel de Bretagne, *place Sorbonne, et rue des Maçons, n.* 30.

Vous ne trouverez sur la carte ni *potages à la Camerani*, ni *suprêmes au coulis de perdreaux*, ni *karis à l'indienne;* mais une soupe abondante, toutes les combinaiscns possibles de bœuf rôti, bouilli, fricassé ; l'inépuisable haricot de mouton, et l'éternel fricandeau. La Bourgogne, le Médoc n'ont jamais versé le produit de leurs riches vendanges dans les caves des restaurateurs du pays latin ; mais en revanche, la Brie et l'Orléanais y font pleuvoir les flots d'un petit vin léger, dont la santé et la raison n'ont jamais à se plaindre.

Deneux, *tenant l'*Hôtel du Nord, *rue Monsieur-le-Prince, n.* 19.

Dîners, déjeûners chauds et froids; pensionnaires à la quinzaine et au mois.

RESTAURANTS A PRIX FIXE.

Follet, *Palais-Royal, galeries de pierre,
n. 40, au premier.*

Dîners à 2 fr. : pain à discrétion, demi-bouteille de vin de Bourgogne ou de Chablis, quatre plats au choix, dessert.

Pour 2 fr. 50 c. : une bouteille de vin de Mâcon, de Bordeaux ou de Chablis, première qualité. *Pour 40 c. de plus,* une demi-tasse de café et un petit verre d'eau-de-vie de Cognac.

Déjeûners à 1 fr. 50 c. : pain, demi-bouteille de vin de Bourgogne ou de Chablis, trois plats et un dessert, ou deux plats et une tasse de café à la crème, ou une tasse de chocolat. On peut remplacer son vin par un thé. *Pour 2 fr.* on a une bouteille de vin rouge ou blanc.

On peut remplacer ses plats, soit par une demi-douzaine d'huîtres, ou deux petits hors-d'œuvre, ou une demi-tasse de café, ou un verre de liqueur, ou un verre de vin de Grenache, muscat, Lunel, Frontignan, ou toute espèce de dessert.

Arrêtez , mon crayon, il ne serait pas honorable de copier plus long-temps les affiches. Voilà deux ou trois maisons que vous indiquez , et je n'ai fait aucune observation : Allons nous-en chez nous ; il faut que je dise quelque chose de l'établissement de M. Follet , parce que je le connais, et qu'il mérite une mention particulière.

Quand on n'a pas beaucoup d'argent , me disait un jour ma vieille et bonne mère, l'économie est une nécessité. — Et quand on en a beaucoup, lui dis-je, que doit-on faire ? — Quand on est riche , c'est être vertueux que d'économiser, et on doit toujours penser à l'avenir ; on ne sait pas ce qui peut arriver... Comment s'y prendre pour réfuter victorieusement les gens qui ont raison ? Je ne le connais pas ce moyen, et, selon moi , se taire en pareil cas est ce qui convient le mieux : c'est ce que je fis. Il était six heures , je fus chez Grignon mettre un dîner dans mon estomac. Lecteur, ne pensez pas cependant que tous les jours j'alimente mon individu chez cet artiste distingué. Il m'arrive quelquefois d'avoir de très bonnes raisons pour suivre les sages conseils de ma prudente mère. Alors, c'est ici que je dîne : pour mes cinquante sous (bien entendu que pour ce prix je fais mourir la bouteille entière), pour mes deux francs cinquante centimes, dis-je, je dîne comme ça. Je me rappelle avoir goûté chez M. Follet un mets de mon pays, que je trouvai excellent : c'était un *foie de veau à la provençale*. Je n'ai que du bien à dire des autres travaux qui se confectionnent dans la cuisine de ce restaurateur. A déjeûner, le vin de Chablis de M. Follet m'a toujours fait du bien : c'est vous apprendre que je le crois naturel.

Le comptoir de ce restaurant est orné par un petit morceau du sexe, qui ne ressemble pas du tout au nôtre, par divers endroits, qui ne peut manquer de mettre en appétit les amateurs-connaisseurs, et qui sans doute leur fera venir l'eau à la bouche, en le regardant : il ressusciterait un mort... Pour mon compte, je sais bien que j'ai toujours faim quand je le vois... voilà tout ce que je puis vous dire.

Urbain, *Palais-Royal, galerie de pierre, n. 65, au premier, à côté du café de Foy.*

Dîners à 2 fr. par tête : potage, quatre plats au choix, dessert, demi-bouteille de vin rouge ou blanc, ou une bouteille de bière, pain à discrétion.

Les *Déjeûners à la carte* commencent à huit heures, et finissent à deux.

Yon, *Palais-Royal, n.* 142 *et* 145, au premier.

Dîners a 2 *fr., et* 2 *fr.* 50 *c.* avec la bouteille de mâcon, et *pour* 3 *fr.* une bouteille de beaune.

Le *dîner à* 2 *fr.* est composé d'un potage, trois plats au choix, une demi-bouteille de vin, un dessert, et pain à discrétion.

Déjeûners à la carte.

On a surnommé Paris une nouvelle Athènes; mais je balancerais à dire qu'Athènes fût un ancien Paris : il n'y eut jamais d'Yon dans la ville sacrée de Minerve; jamais pour la modique somme de *deux francs*, réduits en drachmes du pays, un Athénien n'eût pu s'asseoir à une table proprement servie, prendre à son choix, après s'être restauré par un excellent potage, *trois plats* dans une carte extrêmement variée, et couronner un si copieux dîner par un bon dessert. C'est

un prodige que la déesse même, la pa-
trone de la ville, n'eût point osé tenter,
et que M. Yon, réalise tous les jours. Il
fait plus encore : il donne de bon vin, et,
pour un supplément de dix sous, du vin
de Mâcon ; poussez jusqu'à trois francs,
vous aurez du vin de Beaune : aussi les
voyageurs remplissent chaque jour ses
brillants salons.

RICHEFEU, *successeur de* RICHARD, *Palais-Royal, galerie de Valois, n.* 160.

Dîners à 2 *fr.* : pain à discrétion, demi-bouteille de vin de Mâcon ou de Chablis, potage, trois plats au choix, dessert
ou un petit verre d'eau-de-vie. Quinze
cachets, 27 fr.

Pour 2 *fr.* 50 *c.* avec une bouteille de
vin.

Déjeûners à 1 *fr.* 25 *c.* : pain à discrétion,
deux plats, demi-bouteille de vin.

Les plats de supplément se paient 8 sous,
et les desserts 6 sous.

DELAPLACE et TRIBOULET , *rue et galerie
Montesquieu, n.* 5.

Dîners à 2 *fr.* : potage, quatre plats au
choix, dessert, demi-bouteille de vin de

Mâcon ou de Chablis, pain à discrétion.

On peut échanger un plat pour une demi-douzaine d'huîtres, ou un verre de vin muscat ou de Grenache.

Déjeûners à 1 fr. 50 c. : trois plats, dessert, demi-bouteille de vin, pain à discrétion. Quinze cachets, 27 fr.

Honvaux, *Palais-Royal, n. 167, au premier, maison du café Valois.*

Dîners à 2 fr. : potage, trois plats, dessert, pain à discrétion, demi-bouteille de vin ou une bouteille de bière. Par abonnement, 1 fr. 80 c.

Déjeûners à 1 fr. 25 c. : deux plats, dessert, demi-bouteille de vin, pain à discrétion.

Prosper, *passage des Panoramas, n. 23, au premier.*

Dîners à 2 fr., 2 fr. 50 c. et 3 fr. par tête.

Pour 2 fr. : potage, trois plats au choix, demi-bouteille de vin de Bourgogne ou de Chablis, dessert, pain à discrétion, demi-tasse de café. On peut remplacer le café par un plat ou un verre de vin de liqueur au choix. Quinze cachets, 27 fr.

Pour 2 *fr.* 50 *c.* on a une bouteille de vin vieux, mâcon ou chablis ; et *pour* 3 *fr.*, une bouteille de beaune.

Les *déjeûners* sont à la carte. On trouve dans cet établissement tous les *vins fins et étrangers en demi-bouteilles.*

RESTAURANT COLLOT.

Depuis quelque temps, les établissements culinaires se multiplient d'une manière effrayante pour les anciennes maisons. Le public ne peut que gagner au développement de cette industrie : car il est bien certain de trouver plus de zèle, plus de prévenance et un meilleur choix de comestibles dans les nouvelles entreprises. Il en existe une en ce genre dans la *galerie de l'Horloge, passage de l'Opéra*, qui mérite une mention particulière : aussi croyons-nous faire une chose utile en signalant ce restaurateur aux amateurs de la bonne chère. Cet établissement est à prix fixe, bien qu'il y ait une carte variée pour la grande propriété. Pour la modeste somme de 2 *fr.*, on a un dîner composé d'une demi-bouteille de vin, potage, trois plats au choix du consommateur, et un dessert. Le service y est prompt et fait avec beaucoup de propreté. Le propriétaire est très affable, et les garçons sont très polis. M. Collot, quoique jeune, a déjà acquis en ce genre une grande expérience, ayant été employé dans plusieurs établissements de la capitale ; son épouse tenait jadis une partie de la célèbre maison Beauvilliers ; l'un et l'autre sont constamment occupés du soin de satisfaire les personnes qui leur font l'honneur de les visiter, et nous pouvons ajouter que le succès le plus éclatant a couronné leurs efforts : car leurs salons, qui sont vastes et commodes, ne peuvent contenir tous les consommateurs qui y sont attirés journellement par la modicité du prix et la bonne qualité des mets.

DUFOUR, *rue Traversière-Saint-Honoré,* n. 24.

Dîners à 36 *sous* : potage, trois plats, dessert, demi-bouteille de vin de Mâcon ou de Chablis, pain à discrétion.

On peut échanger un plat pour une demi-douzaine d'huîtres, ou un verre de vin muscat ou de Grenache.

Les *déjeuners* sont à la carte. Quinze cachets pour les dîners, 24 fr.

Roussel, *rue Saint-Anne, n.* 16.

Dîners à 36 *sous :* potage, 3 plats, dessert, pain à discrétion, demi-bouteille de vin.

Déjeuners à la carte.

Noyer, *rue Saint-Honoré, n.* 301, *en face l'église Saint-Roch.*

Dîners à 32 *sous:* potage, trois plats au choix, dessert ou un petit verre d'eau-de-vie, pain à discrétion, demi-bouteille de vin ou une bouteille de bierre.

Pensionnaires, 20 fr. par quinzaine. Les *déjeuners* sont à la carte.

Dalmas, *rue de Rohan, n.* 24, *près le Carrousel.*

Dîners à 28, 32 *et* 40 *sous:* potage, trois plats au choix, dessert, et un petit verre d'eau-de-vie.

28 *sous,* un carafon.

32 *sous,* une demi-bouteille.

40 *sous,* une bouteille de vin rouge ou blanc.

Pensionnaires à 24 fr. pour quinze cachets, et 18 fr. avec un carafon.

Déjeuners chauds et froids à 24 sous :
deux plats, dessert, un carafon de vin,
pain, et un petit verre d'eau-de-vie.

Cabouat, *rue Saint-Honoré, n. 99,*
près celle de l'Arbre-Sec.

Dîners à 32 sous : potage, trois plats,
demi-bouteille de vin rouge ou blanc,
ou une bouteille de bierre, pain à discrétion, dessert.

Déjeuners à 20 sous : deux plats, carafon de vin rouge ou blanc, dessert, pain
à discrétion.

Pensionnaires à 20 fr. pour quinze cachets; et à 16 fr. 50 c., on a carafon, potage, trois plats, dessert.

Honoré Fabre, *tenant* l'Hôtel du Lou-
vre meublé, *rue des Fossés-Saint-*
Germain-l'Auxerrois, n. 38.

Diners à 32 sous : potage, trois plats,
demi-bouteille de vin, dessert et pain à
discrétion. Quinze cachets, 20 et 23 fr.

Pour 2 fr., on a de plus une demi-tasse
de café et un petit verre.

Les *Déjeuners* sont à la carte.

Il y a salle, salon et cabinets particu-
liers, au premier.

Chesneau, *rue Pagevin*, n. 10.

Diners à 32 *sous* : potage, trois plats au choix, demi-bouteille de vin, dessert ou une demi-tasse, petit verre d'eau-de-vie, pain à discrétion. Abonnement, 22 fr. 50 c. par quinzaine.

Diners à 26 *sous* : potage, trois plats, un carafon de vin, ou deux plats et une demi-bouteille de vin, dessert et un petit verre, pain à discrétion. Abonnement, 18 fr. par quinzaine.

Diners à 22 *sous* : potage, deux plats, carafon de vin, dessert, petit verre, pain à discrétion. Abonnement, 15 fr. par quinzaine.

Déjeuners à 18 *sous* : deux plats, carafon de vin, dessert, pain à discrétion. On peut remplacer un plat et le dessert pour une tasse de café à la crème ou de chocolat.

Rue Saint-Nicaise, n. 1, *au premier, près le Carrousel.*

Diners à 26 *et* 30 *sous* : potage, trois plats au choix, dessert ou un petit verre d'eau-de-vie , pain , carafon de vin ou une bouteille de bierre.

Pour 30 *sous* , demi-bouteille de vin.

Carte à 6 et 8 sous le mets.

Le dimanche , *riz soufflé* ; le mardi , *crème frite* ; le mercredi , *croquettes de riz* ; le jeudi , *crêpe à l'allemande* ; le vendredi , *gâteaux de riz* ; le samedi , *œufs à la neige.*

Voilà ce que promet l'affiche de ce restaurant. Ceux qui y prennent leurs repas ont le plaisir d'être servis par de très gracieuses demoiselles , parmi lesquelles il s'en trouve une fort jolie...

PONSIGNON , *rue de la Harpe , n*° 4. (*L'entrée particulière est par l'allée , au premier.*)

Diners à 28 *sous* potage . 3 plats, dessert ou un petit verre d'eau-de-vie , demi-bouteille de vin, pain à discrétion. 18 fr. 75 c. par quinzaine.

Diners à 24 *sous* : potage , 3 plats, dessert ou un petit verre d'eau-de-vie , carafon de vin ou une bouteille de bière , pain à discrétion. 16 fr. par quinzaine.

Déjeuners à 18 *sous* : 2 plats, carafon

de vin ou une bouteille de bière, dessert, pain à discrétion.

Tous les plats indistinctement sont à 6 sous.

Schmitt, *rue des Mathurins-Saint-Jacques, n° 20, au deuxième.*

Diners à 28 sous : potage, 4 plats au choix, salade, dessert, pain, demi-bouteille de vin.

Diners à 25 sous : idem, avec un carafon.

Diners à 22 sous : même service, sans vin. 15 cachets, 20, 18 et 16 fr.

Déjeuners à 12 sous : 2 plats, dessert et pain.

Déjeuners à 15 sous : idem, avec un carafon.

Cassigneul, *rue de l'Arbre-Sec, n° 36.*

Diners à 25 sous : potage, 3 plats, carafon de vin ou une bouteille de bière, dessert, pain à discrétion. — Avec une demi-bouteille de vin, 30 sous.

Pensionnaires à 17 fr. pour 15 cachets,

avec un carafon de vin ou une bouteille de bière ; et avec une demi-bouteille de vin, 19 fr.

Déjeuners à 17 sous : 2 plats, carafon de vin ou une bouteille de bière, dessert, pain à discrétion.

Moisselet, *passage et place des Petits-Pères, n. 10.*

Diners à 26 sous : potage, 3 plats, dessert et un petit verre d'eau-de-vie, un carafon de vin ou une bouteille de bière, pain à discrétion. (Et avec une demi-bouteille de vin, 29 sous ; sans vin, 23 sous.)

Déjeuners à 18 sous : 2 plats, un carafon de vin ou une bouteille de bière, dessert ou un petit verre, pain à discré-tion. (22 sous avec la demi-bouteille ; 15 sous sans vin.)

Cachets pour les dîners : 18 fr. par quinzaine, avec un carafon de vin, ou une bouteille de bière ; avec la demi-bouteille de vin, 20 *fr.*

Restaurant, *rue Traversière Saint-*

Honoré, *n.* 23, *et rue Clos-Georgeot,*
n. 23.

Diners à 25 sous : potage, 3 plats, dessert, carafon de vin ou une bouteille de
bière, pain à discrétion.

Déjeuners à 16 sous : 2 plats, carafon
de vin ou une bouteille de bière, pain à
discrétion. Quinze cachets, pour les dîners, 17 fr.

Rue de Sorbonne, n. 10.

Diners à 25 sous : potage, 3 plats, dessert, pain.

Diners à 18 sous : potage, 2 plats,
dessert, pain.

Il y a une *table d'hôte* à 25 sous par
tête.

BERGERON, *rue de l'Arbre-Sec, n.* 13.

Diners à 23 sous : potage, 3 plats, dessert, un carafon de vin ou une bouteille
de bière. On peut remplacer le dessert
par un petit verre d'eau-de-vie ou autre
liqueur.

Déjeuners à 16 sous : 2 plats, un ca-

rafon de vin , dessert, pain à discrétion.
Quinze cachets, 15 fr. avec le carafon,
ou 18 fr. avec la demi-bouteille, pour les
dîners.

Il y a un salon et des cabinets parti-
culiers au premier.

Lefèvre, *cour des Fontaines , n. 5 , près
le Palais-Royal ; deuxième entrée, rue
des Bons-Enfants , n. 13.*

Diners à 22 sous : potage, 3 plats au
choix, carafon de vin ou une bouteille
de bierre, dessert, pain à discrétion ; et
avec une demi-bouteille de vin, 26 sous.

Déjeuners à 16 sous : 2 plats, dessert,
carafon de vin, pain.

Pensionnaires, 14 fr. par quinzaine,
ou 15 fr. pour 15 cachets.

Chapron , *rue de l'Arbre-Sec , n. 41.*

Diners à 22 sous : potage, 3 plats, carafon de vin ou une bouteille de bierre,
dessert ou un petit verre d'eau-de-vie ou
de liqueur, pain à discrétion.

Déjeuners à 16 sous : 2 plats, carafon
de vin ou une bouteille de bierre, dessert, pain à discrétion.

Féchox, *rue Baillif, n.* 8.

Diners à 22 *sous* : potage, 3 plats, un carafon de vin ou une bouteille de bierre, pain à discrétion, dessert ou un petit verre d'eau-de-vie ou de liqueur.

Diners à 18 *sous* : potage, 2 plats, un carafon de vin, dessert, pain à discrétion.

Déjeuners à 16 *sous* : 2 plats, un carafon de vin, pain à discrétion, et dessert. Par abonnement, 15 sous.

On donne aussi café à la crème, thé et chocolat pour les déjeûners.

Rémond, *Cloître-Saint-Honoré, n.* 1; *deuxième entrée, rue des Bons-Enfants, n.* 10.

Diners à 18 *sous* : potage, 2 plats au choix, carafon de vin ou une bouteille de bière, pain à discrétion, dessert.

Pour 22 *sous* : demi-bouteille de vin, ou un plat de plus. Quinze cachets, 12 fr. 75 c.

Déjeuners à 14 *sous* : 2 plats, carafon de vin, pain.

S'il ne se trouvait que 90 cent. dans les poches de mon gilet, et que mon estomac me témoignât le désir de digérer un dîner, c'est ici, je crois, que je viendrais le satisfaire, non à cause de la bonté des mets que prépare M. Rémond (j'ignore les talents que peut avoir le cuisinier), mais parce qu'une extrême propreté me paraît régner dans son petit salon, ce qui doit attirer chez lui un grand nombre de commis...... marchands, et autres freluquets.

BRIFFAUT, *rue Saint-Honoré, n.* 85, *au premier.*

Diners à 18 *sous* : potage, bœuf, 2 plats et une salade, ou un petit verre, un carafon de vin ou une bouteille de bière, pain à discrétion.

Déjeuners à la carte.

CUISINE CHAMPENOISE, *rue Saint-Joseph-Montmartre, n.* 13.

Diners à 18 *sous* : potage, 2 plats au

choix, carafon de vin, dessert et un petit verre d'eau de vie, pain à discrétion.

Déjeuners à 14 sous : 2 plats, pain, vin.

VAUDIN, *rue Saint-Jacques, n. 77, près la place Cambray.*

Diners à 13 fr. par quinzaine : potage, 2 plats au choix, carafon de vin, ou une bouteille de bierre, dessert ou un verre de liqueur, pain à discrétion.

15 fr. par quinzaine : potage, 3 plats, carafon de vin ou une bouteille de bierre, dessert ou un verre de liqueur, pain à discrétion.

40 fr. par mois pour le déjeuner et le dîner.

HOTELS GARNIS
AVEC RESTAURANT
OU TABLE D'HOTE.

Les étrangers et mes compatriotes me sauront gré de leur signaler trois des meilleurs hôtels garnis de la capitale : 1° vaste et somptueux HOTEL DE LONDRES, *place Vendôme,* n. 10; c'est le rendez-vous ordinaire des plus nobles familles de la Grande-Bretagne ; 2° l'HOTEL DES DÉpartements de Rhin et Moselle, même place, n° 4 : là les prix sont modérés, mais les soins des hôtes sont les mêmes ; 3° enfin, le grand et magnifique Hotel de Castellane, où se réunissent la noblesse française et anglaise Ce dernier hôtel, situé *rue de Grenelle-Saint-Germain*, n. 67, offre les avantages d'un élégant jardin, et, mieux que cela, d'un restaurant où les mets et les vins sont exquis.

De tous les établissements de ce genre qui existent à Paris, il en est peu qui méritent plus l'attention des voyageurs que l'Hotel du Portugal, tenue par M. Memer, *rue du Mail, n. 8*. Placé dans une rue fréquentée et peu bruyante pourtant, au voisinage de la Bourse, du Palais-Royal, des théâtres, cet hôtel est tenu avec le plus grand soin et la propreté la plus recherchée. De grands et petits appartements, un *restaurant* dans la maison, la politesse des maîtres de l'établissement, tout recommande cet hôtel aux voyageurs français et étrangers qui visitent la capitale.

Hôtel Ménars, tenu par M. Thibault, rue de Richelieu, n. 74. *Table d'hôte à 3 fr. 50 c., servie à 5 heures.*

Hôtel d'Italie, tenu par madame MIL-
LET, place des Italiens, n. 1. *Table d'hôte.*

Hôtel Coquillère, tenu par M. LE-
MAIRE, rue Coquillère, n. 23 . *Table à*
3 fr. 50 c.

Hôtels des Princes et de l'Europe, tenus
par M. PRIVAT, rue Richelieu, n°s 109 et
111. *Restaurant.*

Grand Hôtel de Tours, tenu par M.
ALLAIS, rue Notre-Dame-des-Victoires,
n. 32. *Café restaurant.*

Hôtel Ventadour, tenu par M. MÉRI-
MÉE, rue Ventadour, n. 7. *Table d'hôte.*

Hôtel du Portugal, tenu par M. INEMER,
rue du Mail, n. 8. *Restaurant.*

Hôtel du Cantal, tenu par M. DÉSIRÉ
HEROULT, rue des Poulies, n. 4. *Restau-*
rant à la carte

Hôtel du Brabant, tenu par M. DECOT,
rue Baillif, n. 8. *Table d'hôte à 2 fr. 50 c.*

Hôtel de l'Elysée, tenu par madame
veuve MAILLET, rue de Beaune, n. 3,
faubourg Saint-Germain. *Table d'hôte.*

Hôtel de Metz, tenu par M. EDEL, rue
du Mail, n. 22. *Table d'hôte à 2 fr. 10 c.*

Hôtel du Jour, tenu par M. COULON,
rue du Jour, n. 8. *Table d'hôte.*

Hôtel de la Réunion, tenu par M.
DROUX, rue du Jour, n. 25. *Table d'hôte.*

Hôtel du Harlay, tenu par M. DOREN-LOT, rue du Harlay-du-Palais, n. 4. *Table d'hôte.*

Hôtel d'Aumont, tenu par M. BROSSIER, pâtissier-traiteur-restaurateur, rue de la Mortellerie, n. 12. *Restaurant à la carte.*

Hôtel du Piémont, tenu par M. BECQUELIN, rue Sainte-Anne, n. 12. *Table d'hôte.*

MARCHANDS DE VINS TRAITEURS.

PAYEN, rue de Valois-Batave, n. 5.

BOURGIN, rue du Bouloi, n. 19.

BAUMBACH, rue de Ponthieu, n. 8.

RÉMOND jeune, rue Saint-Antoine, n. 212.

DELARUE, rue du Carrousel, n. 10. Cuisine, et salle au 1er.

PAIN, rue Froimenteau, n. 26. Entresol, litres et demi-litres; 1er étage, bouteilles et demi-bouteilles.

REBOULLE, petite rue Saint-Louis, n. 20.

POLIGNY, rue de l'Ecole-de-Médecine, n. 20.

NEU, quai de la Tournelle, n. 13.

MISNARD, rue de Richelieu, n. 74.

Baptiste Goumand, rue du Danphin, n. 1.

PATISSIERS TRAITEURS.

Durandin, rue du Bac, n. 80.
Lacombe, quai des Ormes, n. 60.
Néraudan, rue du Faubourg-Poissonnière, n. 20.
Turpin, rue des Saints-Pères, n. 36.
Ladmiral, rue Sainte-Marguerite-Saint-Germain, n. 24, salon au premier.
Delozanne, rue de l'Université, n. 58, porte en ville.

PENSIONS BOURGEOISES.

Rue du Faubourg-Saint-Denis, n. 118.
On y reçoit les personnes des deux sexes, pour la *nourriture* et le *logement*, meublé ou non. Un air pur, une nourriture saine, une bonne société, offrent tout ce que l'on peut désirer pour la société et l'agrément.

Rue des Tournelles, n. 54, au Marais.
Deux jardins et une terrasse sur le boulevart, très bon air, et à la proximité de la promenade. On y trouve bonne *table*

et bonne société ; on se réunit tous les soirs dans un salon. Il y a des *chambres meublées.*

Rue Valois-Batave, *n.* 2, à l'entresol. Table et logement.

Rue de Grenelle-des-Invalides, *n.* 19, en belle exposition, avec jardin ; les appartements sont fraîchement décorés ; il y a un salon de réunion.

Rue Vivienne, *n.* 8.

Rue Saint-Roch-Poissonnière, *n.* 6. Il y a un petit jardin et des chambres meublées.

Rue Censier-Saint-Marcel, *n.* 6, près le Jardin du Roi ; la maison est en belle exposition ; il y a un beau jardin.

Rue Saintonge, n. 9, à l'entresol.

Rue du Pot-de-Fer, *n.* 11, quartier de l'Observatoire, tenue par M. et Madame Clairfeuille.

Impasse Longue-Avoine, n. 1, Faubourg-Saint-Jacques, maison de santé et pension bourgeoise, tenue par M. de Laribadière.

Rue du Faubourg-du-Temple, *n.* 26 *et* 28, au coin du canal. Table et logement.

Rue des Fossés-Montmartre, *n.* 14; il y a des chambres garnies.

Rue de Cluny, *n.* 3, près la Sorbonne. 70 fr. pour la chambre, le dîner et le déjeuner ; ou 45 fr. pour le dîner seulement.

Rue de Grammont, n. 16, tenue par madame veuve Lagayère, pour le dîner seulement.

Rue de Suréne, n. 23. Il y a des chambres meublées.

Rue de la Sourdière, n. 11, au deuxième. 50 fr. par mois, pour le dîner.

Rue des Vieux-Augustins, n. 24. 60 fr. par mois pour le dîner, et 80 fr. pour le déjeuner et le dîner. On y trouve des chambres meublées.

Mme v^e RANDALE, boulevard Bourbon, n. 5.

Mme v^e VIMONT, rue de la Clé, n. 21, vis-à-vis Sainte-Pélagie.

Mme LAMPRIÈRE, cour du Salpètre, n° 2, boulevard Bourbon.

Rue de Grenelle-Saint-Honoré, n. 47. 25 fr. pour 15 cachets, ou 35 sous par dîner.

Rue des Batailles, n. 8, quartier de Chaillot.

Rue du Faubourg-Saint-Honoré, n. 109, au deuxième étage ; il y a des chambres meublées.

Rue Croix-des-Petits-Champs, n. 39. Dîners à 35 sous et 33 sous au cachet. On donne : potage, bœuf, un plat d'entrée, rôti, salade, dessert et demi-bouteille de vin. On sert à 5 heures.

C̣afé Momus , *rue des Prêtres-Saint-Germain-l'Auxerrois* , n. 19.

Thé complet , 1 fr. — Thé à la crème , 15 sous. — Thé simple, 12 sous. — Tasse de chocolat et un pain , 10 sous. — Demi-tasse de chocolat et un pain , 6 sous. — Tasse de café à la crème et un pain , 8 sous. — Demi-tasse de café à l'eau , 5 sous. — Petit verre d'eau-de-vie , 3 sous. — Petit verre de liqueurs françaises, 5 sous. — Petit verre de liqueurs des îles et vins de liqueur, 10 sous. — Orgeat , limonade, groseille, la carafe, 10 sous. — Bavaroise au lait ou à l'eau, 8 sous. — Bavaroise au chocolat, 9 sous. — Riz au lait ou au gras, le bol, 9 sous. — Le demi-bol, 5 sous. — Punch au rhum ou au kirschwaser, le bol, 4 fr. — Punch à l'eau-de-vie ou au vin, 3 fr. — Bière, la bouteille, 6 sous. — Verre d'eau sucrée, 6 sous. — Cerises à l'eau-de-vie, 5 sous. — Prunes , 6 sous. — Abricots, 6 sous.

BARRIÈRES.

L'on y danse et l'on y dîne ; l'on y fait l'amour et l'on s'y balance ; l'on y file le sentiment et l'on y soupe , et tout cela le plus agréablement du monde. — Mais quand ? — Le dimanche, le lundi et le jeudi. — Mais où ? — A la *Grande-Chaumière* du Mont-Parnasse. — C'est un voyage , mais c'est égal.

Café de la Barrière de Clichy , *tenant au restaurant du père* Latuile.

Le luxe fait des progrès dans toutes les classes de la société ; il étend son empire jusque dans les établissements publics : les salons des principaux restaurateurs , des cafés de la capitale, sont, pour la plupart, décorés avec magnificence. Jusqu'à ce jour , Paris avait seul le droit d'être cité comme possesseur des plus beaux cafés ; mais voici un rival redoutable qui se présente à la barrière de Clichy. M. Aubry , gendre du célèbre père Latuile, vient d'ouvrir un *café* superbe, placé immédiatement à côté du restaurant fondé par son beau-père ; il se compose d'une grande salle décorée avec une élégante simplicité , et est éclairé par le gaz ; une seconde salle contient *deux billards* dignes d'attirer l'attention des connaisseurs : ils ont été inventés par M. CHEREAU ; à chaque blouse se trouve une tête de lion en bronze ; au fur et à mesure qu'une bille est faite, le bas de la gueule s'ouvre pour que le joueur puisse la retirer. Un élève de M. CICÉRI, M. BOLARD, a décoré cette salle avec infiniment de goût et de talent ; on remarque surtout des vases de fleurs peints par M. DUHESME ; celui placé à droite en entrant mérite les plus grands éloges. Au fond du café se trouve un petit jardin servant d'*estaminet* ; en cas de pluie, les fumeurs peuvent se mettre à l'abri sous une tente très élégante. Il y a de plus, à la disposition des consommateurs, quatre énormes tabatières toujours pleines d'excellent *tabac*. Le café de M. Aubry sert de succursale au restaurant du père Latuile ; une porte de communication permet d'aller de l'un dans l'autre établissement : on dîne dans un endroit, on prend son café dans l'autre. Les objets de consommation que fournit M. Aubry sont d'une excellente qualité.

ENVIRONS DE PARIS.

Auteuil (une lieue de Paris), rue Boileau, n. 8 ; maison pour les convalescents, les personnes qui désirent habiter la campagne pendant la belle saison ; on y trouve des *bains*, etc.

Même rue, n. 36, grands et petits *appartemens meublés*, jardin, billard, etc.

Voitures à Paris, rue Duphot, n. 8 *bis*.

Belleville (une lieue de Paris), rue Saint-Denis, n. 28, *pension* pour les personnes âgées de plus de soixante ans.

Voitures à Paris, rue J.-J.-Rousseau, n. 20 ; rue du Martois, hôtel du Saint-Esprit ; rue des Prouvaires, n. 12, et place du Caire, n. 35. Prix : 60 c.

Belle-Vue (par Meudon!), Grande Rue, n. 20, *chambres* et *cabinets meublés*.

Bercy (Grande Pinte de), rue de Charenton, n. 71, au Sauvage, *marchand de vin-traiteur*, *chambres garnies*.

Voitures à Paris, rue Bourbon-Villeneuve, n. 35, et rue de la Bibliothèque, n. 10. Prix : 60 c.

Bois de Boulogne. On vient d'ouvrir entre les deux avenues de Madrid et de Longchamps un *café-restaurant* du genre le plus distingué, sous le nom de *Pavillon d'Armenonville*. L'élégance du pavillon, son heureuse situation et le soin que le chef de l'établissement met dans toutes les parties du service, doivent en faire bientôt le rendez-vous de la meilleure société.

Voitures à Paris, rue Duphot, n. 8 *bis*.

Boissy-Saint-Léger, grande route de Brie (quatre lieues de Paris), *pension bourgeoise* et *maison de santé*, tenue par M. Collot, chirurgien-accoucheur. Bon air, bains, douches, jus d'herbes, etc.
Voitures à Paris, rue Neuve-Saint-Paul, n. 17.

Boulogne (une lieue trois quarts de Paris), Grande Rue, n. 1, *pension bourgeoise*, *chambres meublées*, jardins, etc.
Le nombre des cafés, restaurants et auberges est considérable dans ce village ; on n'a que l'embarras du choix.

Voitures à Paris, rue Duphot, n. 8 *bis*.

Chatenay, près Sceaux (trois lieues de Paris), place de l'Eglise, chez M. Brulé, *chambres meublées*, petit *jardin.*

Voitures à Paris, quai et impasse Conti, n. 1.

Choisy-le-Roi ('quatre lieues et demie de Paris), n. 96. Cet établissement est destiné aux convalescents, et en général aux personnes qui veulent jouir, pendant la belle saison, des avantages d'un air salubre, d'un bon régime, et d'une société agréable. On y trouve des *bains* de toute espèce.

Pension bourgeoise, tenue par madame Tonnoille, avenue de Paris, n. 108 *bis.*

Voitures à Paris, place Dauphine, n. 1. Prix : 1 fr., les dimanches 1 fr. 25 c.

Long-Pont, près Montléry (six lieues de Paris), pension pour la *table* et le *logement*, 105 fr. par mois.

Meudon (trois lieues de Paris), rue des Sablons, n. 12, chez M. Lelong, grands et petits *appartements meublés*, jardin, parterre, écuries, remises.

Voitures à Paris, rue Dauphine, n. 26,

prix : 75 c., les dimanches 1 fr.; rue
Christine , n. 6, prix : 1 fr. 25 c.

MONTMAGNY , près Saint-Denis, vallée
de Montmorency, rue du Château , *chambres meublées* , jardin, chez madame LE-
BEL.

MONTMORENCY (vallée de), (trois lieues
et demie de Paris), *pension bourgeoise*,
bibliothèque, billard, etc.
Voitures à Paris, rue du Faubourg-
Saint-Denis , n. 51.

MONT - SOURIS, près le petit Mont-
Rouge. Maison meublée à dix minutes de
la barrière Saint-Jacques, logements sim-
ples et commodes, jardin, cuisine bourgeoise, lait de vache et de chèvre, etc.,
chez madame MARTIN, rue de la Tombe-
Issoire.

NANTERRE (trois lieues de Paris), à
la Boule-d'Or, *pâtissier-traiteur*, cour, écurie, remise, jardin, salle de billard.
J. P. LECAUTE, aubergiste.
Voitures à Paris, rue de Rohan, n. 10.

NEUILLY-SUR-SEINE, n. 11, *pension*

bourgeoise, chambres garnies, jardin.
Voitures à Paris, rue de Rohan, n. 10.

Puteau, près le pont de Neuilly, n. 24 (deux lieues un quart de Paris), *pension bourgeoise.*
Voitures à Paris, rue de Rohan, n. 10.

Ruel, près la Malmaison (deux lieues et demie de Paris), rue de Marly, n. 42, *appartements meublés,* jardin d'agrément, bains, etc.
Voitures à Paris, rue de Rohan, n. 10.

Saint-Cloud. Parlons de ce M. Griel, si renommé, si digne de l'être : c'est le *restaurateur* qui a sa maison près de la grille du parc, et non loin du pont. Ses salons sont toujours remplis de la meilleure compagnie ; il y a des petits *cabinets* pour les personnes qui craignent la foule ; sa carte après tout est fort modérée ; c'est comme chez Véry ou Borel, et ses mets, parfaits en eux-mêmes, sont de plus assaisonnés par la promenade, qui double toujours l'appétit.

Madame Chevet, rue Aubé, n. 4, tient *pension bourgeoise.*

Voitures à Paris, rue Duphot, n. 8 *bis*, prix : 75 c., les dimanches 1 fr.

Saint-Denis (deux lieues de Paris), rue Compoise, *pâtissier-traiteur*, café et billard.

Rue des Ursulines, n. 9, *pension bourgeoise, chambres meublées*, jardin.

Voitures à Paris, rue du Faubourg-Saint-Denis, n. 12, prix : 75 c., les dimanches 1 fr.

Surène, rue de Saint-Cloud, n. 9 *bis*, chambres meublées.

Versailles (quatre lieues et demie de Paris), rue des Tournelles, n. 21, *pension bourgeoise.*

Madame Dalbré, rue Saint-Pierre, maison du plombier, tient pension pour la *table* et le *logement*, 100 fr. par mois.

Les principaux traiteurs sont : madame veuve Lemerle, rue et *grand Hôtel des Réservoirs.* Cette maison est dans le genre des premiers hôtels garnis de Paris. Grandemain, *au Sabot d'or*, près du marché ; Muret, *hôtel du Duc de Berri* ; veuve Roger, successeur de Grignon, avenue de Saint-Cloud ; Chevremont, place

Dauphine, à côté des voitures ; BARESWIL, suisse, à la grille du Mail, près de l'Orangerie.

Voitures à Paris, rue de Rivoli, n. 1 et 4 ; rue de Rohan, n. 6.

VIARMES (huit lieues de Paris), près Luzarches, *pension bourgeoise , chambres garnies*, dans la maison de madame FLOURY, lingère, Grande Rue, air pur, promenades charmantes.

Diligences à Paris, tous les jours, à trois heures, rue du Faubourg-Saint-Denis, n. 51.

VINCENNES (trois quarts de lieue de Paris), Grande Rue de Paris, n. 21, petits et grands *appartements meublés.*
Voitures à Paris, rue du Mail, n. 11 ; rue Bourbon-Villeneuve, n. 43 ; rue du Bouloi, n. 23 ; rue Coquillère, n. 33, prix : 75 c., les dimanches et fêtes 1 fr.

VIRY, près la Cour de France (cinq lieues de Paris), *table* et *logement* pour les personnes en santé et pour les malades. S'adresser à madame DIDIER, avenue de Neuilly, n. 12.

Voitures à Paris, rue d'Enfer, n. 10, prix : 1 fr.

DÉPARTEMENTS.

BORDEAUX. PHILIPPE , restaurateur , rue Courbin, n. 12, près la Bourse. *Dîners à 1 fr.* 50 c. : potage, trois plats au choix, demi-bouteille de vin, pain et dessert. La pension est de 19 fr. pour quinze cachets. *Déjeuners à 1 fr.* : deux plats, demi-bouteille de vin, pain et dessert. Il y a des *chambres garnies.*

FABRE, restaurateur, rue Porte - Dijeaux, n.61, et rue du Waux-Hall, n. 10. Son établissement et sa salle à manger sont nouvellement réparés et décorés à neuf; outre la salle du *restaurant,* M. Fabre tient *table d'hôte , pension ,* porte en ville, et fait des repas de commande chez lui et au dehors.

CHALONS - SUR - SAONE. *Table d'hôte ,* à l'*hôtel des Trois-Faisans,* tenu par M. BARUDUEL , près du quai des Messageries.

LYON. *Restaurant* et *hôtel garni,* place de la comédie , n. 14, et rue Pizay , n. 17. M. RIVIÈRE , qui tient cet établissement, n'a rien négligé pour le rendre commode et agréable ; il y a des chambres garnies à tout prix, et une *table d'hôte* servie à trois heures.

Restaurant, place des Terreaux, n. 11, au premier, au-dessus du café des Terreaux ; M. CAMILLE y sert à la carte, à des prix modérés.

M. MERCIER, rue Saint-Dominique, n. 1, au premier, tient *table d'hôte* à quatre heures, et sert à la carte.

M. BRESSE tient *restaurant*, port du Temple, n. 44. On y trouve des déjeuners et des dîners à toute heure. Excellentes huîtres fraîches, etc.

M. JANIN, *restaurateur*, Grande Rue Mercière.

MARSEILLE. *Hôtel des Princes*, situé entre la place Royale et la rue Beauvau. Cet hôtel vient d'être entièrement réparé par les soins de son propriétaire actuel, M. Joseph CHAUVIER ; les appartements, au nombre de plus de cinquante, sont tous meublés à neuf et dans le goût le plus moderne. La modération a présidé à la fixation de prix des appartements, des repas, et généralement de tout ce qui peut être demandé.

NEMOURS (Seine-et-Marne), à la Providence, *auberge*, *restaurant* et *café*, tenu par M. BLONDEL.

ROUEN. *Hôtel de Lyon*, rue Grand-Pont, n. 73, tenu par M. LECOQ ; *table d'hôte* pour le dîner, à cinq heures précises ; table d'hôte pour le déjeuner, à dix heures et demie très precises, à 1 *fr.* 50 *c.* non compris le vin. Passé l'heure de la table, la carte offre une quantité de mets dont les prix sont fixés.

VILLENEUVE-SAINT-GEORGES (Seine-et-Oise), C. L. COIFFIER, cultivateur et *aubergiste*.

ÉTRANGER.

BRUXELLES. *Hôtel de l'Europe*, place Royale, tenu par M. BONNY, *table d'hôte*, dîners à la carte, etc.

LONDRES. Les personnes qui visitent cette capitale trouveront au n. 28, SURREY, Street-Strand, une *pension bour-*

geoise distinguée. On peut s'y abonner à la huitaine, au mois, etc.

Autre pension bourgeoise, n. 27, Burton Crecent. La dame qui dirige cet établissement vient d'y joindre une *maison de campagne*, située dans le beau village d'Hampstead, à quatre milles de Londres, à laquelle sont attachés un jardin spacieux, remise, écurie, etc. On a la faculté de résider à la ville ou à la campagne, où on reçoit les soins les plus empressés. La salubrité d'Hampstead, sa proximité de Londres et son nouvel établissement de bains, en font un séjour particulièrement propre au rétablissement de la santé.

PRÉCEPTES DE SANTÉ.

DU BOIRE ET DU MANGER.

« Non bibe non sitiens, et non comedas saturatus. »
Ne bois jamais sans soif, ne mange pas sans faim.

ECOLE DE SALERNE.

Si la première fonction de l'homme est de respirer, la seconde est de se nourrir. Mais le bien qui résulte de la nourriture dépend de la *quantité* des aliments, de leur *choix*, et du *temps* auquel on en fait usage. J'ai parlé de la *qualité* dans mon DIRECTEUR DES ESTOMACS.

A l'égard de la *quantité* des aliments et du temps auquel il faut les prendre, quoiqu'il n'y ait rien de fixe là-dessus, et qu'elle dépende de la capacité de l'estomac, de la force ou de la faiblesse des parois de ce viscère, du différent degré de chaleur animale de chaque individu, et du plus ou du moins d'énergie des sucs digestifs, on peut cependant établir certaines différences relatives à la *saison*, à l'*âge*, au *tempérament* et au sexe.

La nature exige beaucoup plus d'un sujet qui se développe que de celui dont le développement est achevé, ou qui tend à la décrépitude. Aussi les enfants mangent-ils plus proportionnellement que les adultes. Mais les estomacs voraces et délicats ont besoin de recevoir peu et souvent. C'est encore ce qui arrive aux enfants, aux convalescents, aux vieillards même, qui mangent moins par besoin que par gloutonnerie, et qui, dans cet âge où la nourriture devient chaque jour superflue, paient presque toujours très cher l'excès auquel ils se livrent.

Le *sexe* naturellement faible et délicat et les personnes convalescentes doivent aussi ne pas surcharger leur estomac, et se nourrir d'aliments légers, dont la substance nutritive concentrée sous un petit volume, épargne à ce viscère débile la fatigue des digestions laborieuses. Chacun, suivant son tempérament peut ensuite choisir sa nourriture particulière. On corrige le tempérameut froid par des aliments chauds, le chaud par des aliments froids.

On ne calcule point avec les repas depuis l'*âge* de puberté jusqu'à la première vieillesse, surtout lorsqu'on prend de l'exercice, qu'on se nourrit d'aliments sains et de facile digestion, et qu'on habite des climats chauds, dans lesquels la déperdition de substance, étant plus considérable, nécessite une réparation proportionnelle.

Mais dans tous les temps et dans tous les lieux il faut se modérer, et manger avec une sobriété rigoureuse, lorsque par état ou par goût l'on mène une vie indolente et sédentaire.

On a plus d'appétit *l'hiver* que l'été, et le ressort qu'acquiert la fibre animale dans la saison froide relève les forces digestives, et permet de s'y livrer sans danger. On peut même se nourrir d'aliments chauds et succulents ; mais il ne faut pas s'y livrer aussi facilement dès que le printemps approche.

L'été ne permet pas de se trop nourrir ; on manque d'appétit dans cette saison, et les fonctions digestives languissent par l'excès de chaleur qui les débilite. Les aliments aqueux et fondants, et les boissons acidules, conviennent en pareille circonstance; il faut pourtant tenir à cet égard un juste milieu. Cette espèce de langueur d'estomac qu'on éprouve dans la saison chaude est souvent combattue avec succès par des aliments de haut goût, le jambon, par exemple, dont on fait un usage modéré dans les repas.

Le *printemps* et l'*automne*, saisons intermédiaires, exigent des aliments plus solides, mais toujours pris avec modération.

On ne mange point sans boire, et les *boissons* n'exigent pas moins de choix que les aliments. Gardez-vous de donner du *vin* aux enfants, et que les hommes de tout âge s'abstiennent de l'ivresse, qui les prive de la raison, et les conduit à l'hydropisie.

Ceux qui veulent se bien porter doivent bannir de leurs tables ces *liqueurs* enchanteresses, qui séduisent les sens pour le moment, mais dont l'abus conduit toujours à la perte du goût et à la dépravation des digestions.

L'*eau pure* est la boisson la plus saine;

on peut la rougir avec du *bon* vin, mais il ne faut pas qu'elle soit tiède ni à la glace. L'eau chaude énerve l'estomac, et l'eau à la glace est nuisible dans bien des cas. Il importe donc de ne pas s'écarter de la voie que la nature nous indique, de boire de l'eau comme elle nous est présentée, et n'employer ces ressources de l'art que quand des circonstances particulières l'exigent.

Les *vieillards* ont besoin de boire quelquefois de vin pur, pour soutenir leurs forces chancelantes. L'abstème dans l'enfance, et ce régime des vieilles gens, sont les deux extrêmes de la proportion que l'on doit garder en usant du vin dans le cours de la vie.

Il ne faut jamais boire du vin hors le repas, ou tout au plus rougir l'eau quand on ne peut la boire pure. La boisson que l'on prend hors des repas ne doit pas non plus être trop fréquente : prise modérément, elle facilite la digestion et prépare la faim ; mais son abondance relâche l'estomac, et vicie les fonctions de ce viscère.

Ceux qui se laissent entraîner par la perfide habitude des soupers doivent boire un ou deux verres d'eau fraîche avant de se coucher : c'est le moyen d'apaiser la chaleur de l'estomac, d'avoir un sommeil moins tumultueux, et de prévenir cette sécheresse de bouche avec laquelle on se réveille le matin, qui gâte les dents, et rend l'haleine forte.

On apprend par expérience ce qui est utile ou nuisible dans la manière dont on se nourrit. C'est d'après cette connaissance réfléchie que l'on peut devenir le médecin de soi-même, non pour s'administrer convenablement des remèdes, mais pour se garantir des maladies qui peuvent provenir du défaut du régime approprié.

DE LA BOISSON.

Le but de la boisson est de remédier à la soif, au dessèchement, à l'épaisseur ou à l'acrimonie des humeurs. L'eau froide, très légère, sans odeur ni sans goût, puisée dans le courant d'une rivière, serait la boisson la plus saine pour un homme robuste. L'eau froide est adoucissante, elle fortifie les viscères, elle nettoie tout : si les jeunes gens pouvaient s'en contenter, ils auraient rarement des maladies aiguës. Hérodote paraît attribuer la longue vie des Ethiopiens à l'usage d'une eau pure et légère. Il semblerait qu'il faudrait réserver le vin et les autres liqueurs fortes pour les occasions où il s'agit d'échauffer, de donner du mouvement, d'irriter, d'atténuer, etc. *Boire de l'eau, et vivre d'aliments qui ne soient point du tout gras, voilà,* dit Boerhaave, *le moyen de rendre le corps ferme et les membres vigoureux.*

Ainsi, l'usage de l'eau pure ou des liqueurs fermentées bien trempées, c'est-à-dire mêlées avec environ les deux tiers d'eau, surtout en été, est la boisson la plus convenable, qu'il vaut mieux répéter souvent dans le cours d'un repas, en petite quantité à la fois, selon que le pratiquait Socrate, que de boire à grands coups. Il faut arroser les aliments dans l'estomac à mesure que l'on mange, mais ne pas les inonder. La boisson doit être moins abondante en hiver, et l'on peut alors boire son vin moins trempé, et même en boire de pur, lorsqu'il est bon, mais à petite dose.

CONSIDÉRATIONS

HYGIÉNIQUES

SUR LES DIVERSES BOISSONS.

DE L'EAU. L'eau est la base de la plupart de nos boissons. Elle n'est sans doute si peu estimée que parce qu'elle est trop commune; cependant, si l'on faisait attention à tous les avantages qu'elle procure, combien elle est nécessaire pour notre soutien qu'enfin il nous est impossible de subsister sans elle, balancerait-on à la préférer à toutes les autres liqueurs ?

C'est cet élément qui fournit tous les fluides du corps humain; c'est lui qui dissout les sels contenus dans le sang, qui ne pourrait circuler sans lui. Il sert le plus souvent de base dans la préparation de nos aliments; il en est le véhicule, de même que des médicaments. Il aide les uns et les autres à sortir de l'estomac, et à parcourir tous les différents couloirs du corps humain, où ils ont à porter la nourriture et la santé.

L'eau pure se boit toute fraîche. C'était mal à propos que Néron, dégoûté de toutes sortes de vins, et épuisé des excès auxquels il s'était abandonné, résolut de ne plus boire que de l'eau bouillie dans des vases d'or.

On trouve, dans les *Miscellanea naturæ curiosorum*, une observation fort remarquable d'un vieillard, âgé de cent vingt ans, encore orné de toutes ses dents, d'un tempérament très vif et fort agile, qui, depuis son enfance, n'avait jamais bu que de l'eau.

Le fameux avocat André Tiragneau, qui tous les ans publiait un livre, et dont la femme accouchait régulièrement tous les ans pendant trente années de suite, n'a jamais bu que de l'eau depuis son enfance (1).

Hoffman dit « que, si la nature peut « produire quelque remède universel, « c'est l'eau commune : par son moyen « on guérit tous les jours toutes sortes de « maladies, on se conserve en santé, et « on prévient la corruption des humeurs, « qui est la source de toutes les mala- « dies ».

Puisque la circulation régulière des fluides aux travers de leurs canaux et des plus petits vaisseaux nous garantit de la corruption, et maintient le sang et les

---

(1) Cet exemple seul pouvait suffire pour convaincre l'homme de l'excellence de sa boisson naturelle, qui est l'eau, et combien cette boisson est supérieure à toutes les autres pour la génération ; mais l'intempérance le porte toujours à des liqueurs animées.

humeurs dans un mouvement constant et régulier, l'eau doit être absolument nécessaire à la continuation de la vie.

Le sang et les humeurs sont un mélange de parties hétérogènes, toutes sujettes à la corruption, pour peu qu'elles soient dans un état de chaleur, d'indolence et d'humidité. Pour empêcher les fluides de se corrompre, et d'altérer les autres parties du corps, il est donc absolument nécessaire de les empêcher de stagner. Par ce moyen les particules subtiles et solides, terreuses et huileuses, conserveront non seulement entre elles leur mouvement perpétuel, mais encore exécuteront leur mouvement progressif au travers des plus petits vaisseaux capillaires, et diviseront les parties solides du sang en globules extrêmement fins, au moyen de l'attrition, de l'action et réaction entre ces sucs et les parties fibreuses. D'où l'on voit la nécessité de l'eau pure pour produire un effet si essentiel.

Nous pouvons inférer de tout ce que nous venons de dire qu'il n'y a rien de plus convenable, et en même temps de plus nécessaire pour prolonger la vie, que l'eau, puisqu'elle s'accorde parfaitement à la nature du corps humain, et que sans elle il ne se peut maintenir long-temps dans l'intégrité de ses fonctions.

Pour peu que l'on considère avec attention, et que l'on examine la vérité de ce que nous venons d'établir, l'on conviendra qu'il faut nécessairement que le sang soit dans un certain équilibre de fluidité pour pouvoir circuler librement et toujours dans les mêmes proportions, afin de maintenir toujours les vaisseaux ouverts, de prévenir les obstructions, d'entretenir les sécrétions, d'empêcher les dépôts, et de détruire tout ce qui pourrait occasioner quelques maladies. Il reste maintenant à savoir si la nature entière peut fournir quelque autre remède capable de mieux entretenir cette fluidité du sang. Nous nous en rapportons sur ce point à la connaissance et aux expériences des médecins les plus éclairés.

Mais, dit-on, l'eau est contraire à ceux qui mangent du fruit. Abus! On boit beaucoup d'eau en Italie, en Espagne, en Portugal, en Provence, en Languedoc, et cependant on y mange du fruit pendant tout l'été, sans qu'il en arrive aucun inconvénient.

D'ailleurs l'eau conserve les dents belles et toujours blanches; elle est bonne contre la goutte, les fluxions, le mal de tête, l'épilepsie, l'obscurcissement de la vue, l'asthme, la mélancolie, la galle et le scorbut.

Les buveurs d'eau, dit le docteur Edward Rowe, dans son *Histoire de l'efficacité de l'eau, et de son influence sur la santé et la beauté du corps*, sont peu sujets aux indigestions; l'eau est, selon la manière de parler vulgaire, le meilleur dissolvant des aliments. La plupart des personnes qui se portent bien éprouvent, après le repas pendant lequel elles n'ont bu que de l'eau, cette légèreté de corps et cette sérénité paisible de l'âme qui annoncent la digestion la plus facile et la meilleure........

L'eau, dit M. le docteur Hallé, est la plus simple et la plus essentielle des boissons, et ce n'est même qu'en proportion de ce qu'en contiennent les aliments qu'on peut se dispenser de recourir à son usage. Ses avantages, quand elle est pure, sont d'étancher la soif, en humectant les organes salivaires et ceux de la déglutition; de délayer les aliments, et par-là d'en faciliter le mélange, soit entre eux, soit avec les sucs gastriques, et de rendre ainsi plus aisée l'action de l'estomac sur la masse alimentaire ; enfin , de réparer les liquides épuisés par toutes les voies d'évacuation. Mais elle ne se suffit pas dans la soif intense, à moins d'être prise en quantité, qui peut devenir préjudiciable. En trop grande abondance, elle énerve les forces digestives, et ne convient pas seule quand celles-ci ont besoin de stimulant : c'est ce qu'on observe chez les personnes dont l'estomac est faible, inactif, et se charge d'une grande quantité de glaires.

Vin. Hippocrate, l'homme le plus sage et le plus sobre de son siècle, n'a point condamné le vin; au contraire, il en a fait l'éloge. Il est vrai qu'ainsi que l'ont faussement rapporté quelques auteurs, il n'a jamais donné le conseil de s'enivrer une fois le mois pour le bien de sa santé , précepte entièrement supposé, auquel les intempérants se font un devoir d'obéir; mais il en a approuvé et recommandé l'usage modéré. Le vin doit tenir la première place parmi les aliments médicamenteux, à cause de l'activité avec laquelle il aide la coction, les excrétions, le rétablissement des forces et de la chaleur. Il n'y a point dans la médecine un *remède* plus énergique, et, qui, par ses qualités acides, sulfureuses et tempérées, répare plus promptement le ton de l'estomac, et donne plus de vigueur à toutes les parties du corps, en ranimant la circulation du sang : c'est pourquoi son usage est recommandé à ceux qui ont besoin de rétablir leur force, à tous les tempéraments faibles, froids et humides, ou à ceux qui font usage d'aliments crus et aqueux, ou qui mènent une vie sédentaire. Il est aisé à chacun de s'appliquer les conditions où l'usage modéré du vin est convenable, et de penser en même temps qu'il y a nombre de conditions dans la vie où il est nécessaire. A l'égard de l'excès qu'on en peut faire, Hippocrate décide, et tous les médecins avec lui, qu'il conduit à la perte de la santé et à l'imbécillité de toutes les facultés spirituelles.

Il est certain que la plupart des maladies, surtout des chroniques, viennent des langueurs de la circulation du sang, et des passions qui abattent l'âme : on peut donc à cet égard regarder le vin comme un puissant préservatif. En effet, je crois qu'on peut assurer que son usage modéré, accompagné d'ailleurs d'un régime sage en toute chose, est le préservatif le plus certain contre ces sortes de maladies. Car, si nous allons à la source, nous trouverons presque toujours qu'elles ne sont entretenues que par le relâchement des solides, qui ne peuvent chasser convenablement les fluides dans les différents couloirs : de là vient cette inégalité et cette lenteur du mouvement progressif des humeurs, qui fait qu'elles ne peuvent se purger des sucs grossiers et impurs qui en altèrent la substance. C'est à quoi remédie admirablement un vin tempéré, tel que nous le conseillons dans l'usage ordinaire. Par sa fine sérosité, il délaie, incise, atténue les humeurs grossières, et, par son soufre agréable et spiritueux, il stimule doucement les fibres, accélère le flux du suc nerveux, dégage les parties obstruées ; porte jusque dans les gaines des tendons, pour y diviser ces humeurs arrêtées qui y produisent des douleurs ; ouvre toutes les voies des excrétions, favorise les urines et cette transpiration heureuse sans laquelle l'homme meurt ou est toujours infirme.

Dioscoride n'a pas craint d'assurer que l'excès du vin n'était pas toujours dangereux ; mais qu'au contraire il était souvent nécessaire pour conserver une bonne santé. Le grave Sénèque confirme que cet excès n'est pas moins efficace pour guérir les maladies du corps que celles de l'âme.

Ces autorités seront sans doute bien agréables à ceux qui aiment le vin. Mais quand elles seraient encore plus respectables et en plus grand nombre, je ne puis dissimuler qu'il est très dangereux d'en user sans nécessité, et que l'abus en est toujours très fâcheux. Puisque c'est un *remède*, son usage doit être sujet à des règles et à des conseils. Avec des précautions, il produira sans doute de grands avantages pour conserver la santé et pour la réparer ; mais, pris sans modération, il est capable de donner naissance à des maux incurables.

Je crois que le vin peut et doit quelquefois remplacer d'autres remèdes, qui se font avec plus de frais et plus d'appareil. Combien d'estomacs débiles et d'intestins flasques ne peuvent souffrir cette quantité de boissons médicamenteuses dont on les abreuve sans aucune discrétion ! Le vin renferme toutes les bonnes qualités de ces boissons, sans en avoir aucun inconvénient. C'est un évacuant très doux : car il lâche le ventre, excite la transpiration et les urines. Il est un grand fortifiant : car, après son usage, le pouls se relève et devient plus vif; les vaisseaux se gonflent, ce qui prouve que le sang est porté du centre à la circonférence ; le visage se colore, et une douce moiteur succède à la sécheresse de la peau. Il est aussi un excellent stomachique : ce fut sous ce titre que saint Paul le recommanda à son disciple Timothée. Sa vertu apéritive n'est point révoquée en doute ; il dépure le sang, il ouvre les obstructions des viscères, rappelle les hémorrhoïdes supprimée , réjouit le foie et la rate, guérit souvent pour toujours les gouttes froides, empêche la goutte chaude de dégénérer, débarasse le cerveau de ces fontes d'humeurs incommodes et dégoûtantes, et donne de la légèreté à tout le corps.

Le meilleur et le plus délicat de tous les vins est celui qui se distille de lui-même des grappes lorsqu'elles sont bien mûres, et que, mises en un monceau, chaque grain se crève sans autre compression : c'est là celui qui mérite le nom de nectar.

Dans les pays froids, mais surtout dans ceux qui sont humides et marécageux, le vin et les liqueurs fermentées sont utiles, dit le docteur Hallé, pour pousser avec plus d'activité les fluides du centre à la circonférence, et pour fermer l'entrée du corps à des vapeurs et à des exhalaisons souvent malfaisantes, qui l'environnent de toutes parts, et que les pores ne sont que trop disposés à absorber. Dans les contrées où la sécheresse est jointe à la chaleur, les corps, déjà doués d'une grande activité, et perdant beaucoup par de grandes transpirations, se dessècheraient et se brûleraient par l'usage des liqueurs échauffantes. Ce sont des vérités de sentiment, auxquelles l'homme est naturellement conduit par le besoin et par le plaisir : aussi voyons-nous qu'en Europe, la consommation du vin ou des liqueurs qui en tiennent lieu est beaucoup plus considérable dans les parties septentrionales que dans les parties méridionales. Les Italiens, les Espagnols et les habitants des provinces méridionales de la France font peu d'usage des liqueurs fermentées, beaucoup de liqueurs tempérantes et rafraîchissantes ; tandis qu'en Allemagne et dans nos provinces septentrionales il se fait une grande consommation de vin, de cidre, de bière et d'eau-de-vie.

Les saisons humides et froides, l'été

même, lorsqu'une chaleur humide et lour-
de énerve les forces, peuvent, par elles-
mêmes, rendre nécessaire l'usage du vin.
Il est des professions où le corps, épuisé
par des travaux violents, a besoin d'un
stimulant vif et prompt qui le remonte
sur un ton qu'il perdrait bientôt s'il n'é-
tait soutenu. On remarque que, chez les ou-
vriers qui doivent rester exposés à toute
la chaleur du jour, une petite quantité
d'eau-de-vie empêche les sueurs excessives,
et même que, simplement agitée dans la
bouche, elle préserve de l'altération et
de la soif, qui les incommoderaient sans
cela. Il est des tempéraments, tels que
le phlegmatique, qui ne se passent de vin
que très difficilement. L'estomac a quelquefois besoin de vin, comme d'un assai-
sonnement qui soutient la digestion ; mais
de toutes les nécessités la plus impérieuse
est celle de l'habitude, trop souvent ame-
née par la sensualité plutôt que par le
besoin.

Des Liqueurs. Il est certain qu'il y a
des estomacs froids, engourdis, paresseux,
c'est-à-dire et dont les fonctions vitales ont
peu d'énergie, qui ont besoin de stimulant alcoolique pour exécuter avec régu-

larité les fonctions disgestives. Chez les personnes qui ont des estomacs de cette trempe, les liqueurs alcooliques sont réellement utiles, et ces individus, qui sont presque tous lymphatiques de tempérament, qui ont des estomacs d'une grande capacité, font bien de boire quelques liqueurs de table. Mêlées à des quantités d'aliments assez considérables, elles s'y imbibent et n'agissent que faiblement sur les parois gastriques ; mais la pâte chymeuse en est saturée, et, stimulant les orifices des vaisseaux, ceux-ci agissent avec plus d'activité sur cette masse alimentaire.

Quelle que soit la constitution des individus, dans tous les temps, les liqueurs alcooliques sont nuisibles étant prises à jeûn, ou pendant la vacuité de l'estomac : elles ont alors une action directe et immédiate sur les parois de ce viscère, et lui donnent un degré d'activité passager qui, ne s'exerçant sur rien, lui est nuisible. Lorsque l'estomac est rempli d'aliments, les liqueurs s'imbibent dans ces aliments, ce qui amortit et annule presque leur effet sur les parois gastriques, et ôte, en grande partie, les inconvénients de leur usage. Malheureusement, dans la classe ouvrière, le préjugé contraire est répandu, et tous ses membres croient utile à leur santé de boire à jeûn, en commençant leur journée, un petit-verre d'eau-de-vie ou de liqueur. Ce moyen, qui les refossille momentanément, qui produit chez eux un sentiment passager de chaleur et de bien-être, excite les parois de l'organe central de la digestion, et, par la répétition du même acte, il en résulte un trouble vital qui peut donner naissance à des maladies diverses. Beaucoup de ces artisans ont des ardeurs d'estomac, des chaleurs de gosier, qui ne reconnaissent pas d'autre source que cette funeste habitude.

Il y a une liqueur alcoolique qui paraît avoir moins d'inconvénients que les autres sur les parois de l'estomac : c'est le *rhum*, qui est un alcool extrait du sucre, et qui paraît conserver une partie des vertus pectorales de la substance qui le produit. On en fait usage effectivement dans plusieurs affections catarrhales avec avantage ; mais il faut pour cela qu'elles soient sans fièvre et sans signe inflammatoire, causées, comme on dit, par la chaleur. Dans ce cas, le rhum n'entre qu'en quantité médiocre dans une décoction plus ou moins étendue de plantes aromatiques, et il y est corrigé par du sucre, et souvent on y ajoute du jus de citron. S'il est très agréable de guérir un rhume avec du *punch*, il est essentiel d'abord de s'assurer que celui qu'on veut traiter ainsi est bien dans la catégorie dont il est question : car, s'il en était autrement, ce moyen aggraverait cette affection au lieu de la soulager.

Enfin, si l'usage des liqueurs de table est jugé nécessaire, ce que le tempérament des individus et la nature habituelle de leur digestion indiquera suffisamment, il faut faire choix de celles qui présentent le moins d'inconvénients possible. Les liqueurs un peu amères, comme l'*absinthe*, le *brou de noix*, le *scubac*, le *noyau*, paraissent avoir des qualités digestives supérieures aux autres espèces. L'*anisette*, la *crème de canelle*, de *vanille*, sont préférables dans les cas de digestions lentes, et où le ventre prend un développement marqué. Il faut user, autant que possible, de liqueurs faites avec une seule substance, et boire les plus douces et les plus anciennes.

Du Café. Le café, regardé comme boisson, a eu ses détracteurs et ses partisans ;

on a beaucoup écrit pour et contre. Dans l'orient, il a été plusieurs fois l'objet de discussions ridicules et de défenses sévères, dont on s'est toujours moqué. En Europe, plusieurs médecins se sont élevés en différents temps contre l'usage de cette liqueur, et ont prétendu qu'elle était contraire à la santé, tandis que d'autres prônaient, au contraire, avec enthousiasme, ses vertus salutaires. Au milieu de ces contradictions, l'habitude a prévalu, et le goût du café est aujourd'hui général dans les quatre parties du monde. Si cette boisson était pernicieuse, serait-elle devenue comme une espèce de besoin pour un si grand nombre d'hommes? Non, sans doute: son excès seul est nuisible comme l'excès du vin.

Le café fortifie l'estomac, aide à la digestion et tient éveillé; il dissipe la langueur et les soucis, fait éprouver à l'homme un sentiment de bien-être, et répand dans tous ses membres une chaleur vivifiante et douce. Il soulage sensiblement dans la migraine et les maux de tête. Les Persans disent que cette boisson a été inventée par l'ange Gabriel pour rétablir la santé de Mahomet. Tous les peuples qui la connaissent en font l'éloge et leurs délices. Cette

liqueur est très recherchée des Européens.
Elle inspire une aimable gaîté à ceux qui
se réunissent pour en boire ; elle fait naître les bons mots, favorise les épanche-
ments de l'amitié, déride les fronts sévères,
et peut réconcilier quelquefois deux en-
nemis. Elle ne convient pourtant pas à
tout le monde. Les hommes d'un tempérament sec, ardent, bilieux et sanguin ,
ceux qui sont très sensibles et qui ont le
genre nerveux très irritable, doivent s'en
abstenir; elle est préjudiciable aux enfants, et aux femmes , lorsqu'elles sont
disposées aux maladies inflammatoires ou
convulsives. Mais les gens qui ont un excès d'embonpoint, les tempéraments pi-
tuiteux, les personnes sédentaires et phlegmatiques , peuvent, sans crainte , faire
un usage modéré du café.

Le *choix* du grain est une chose im-
portante. Il doit être petit, parfaitement
sec, difficile à casser sous la dent, d'une
couleur légèrement jaunâtre , parfumé ,
et sans odeur étrangère quelconque. Après
le choix du grain, une *condition essentielle pour prendre d'excellent café*, c'est
de mettre le moins d'intervalle possible
entre sa torréfaction et son infusion. Les
Arabes préparent ainsi le leur.

Dans les grandes maisons et chez les limonadiers, on clarifie le café avec la colle de poisson : c'est le moyen sans doute de le rendre très agréable à la vue ; mais on lui ôte, par cette addition, une grande partie de son parfum. Quand cette boisson est bien faite, elle est limpide, claire, nullement chargée, ni rendue trouble par les plus petites particules de la substance du café ; et elle offre, dans la tasse, une couleur à peu près noire, avec une bordure de couleur marron.

Du Lait. L'utilité du lait, devenu une nourriture journalière et fondamentale, est prouvée par des observations sans nombre. Le lait est un remède singulièrement efficace dans les maladies chroniques avec maigreur, une irritabilité extrême, un pouls vif et fréquent, une chaleur fébrile, etc. Le lait, par sa puissance relâchante, corrige la tension des fibres, ralentit les mouvements trop précipités, diminue les excrétions trop abondantes, change enfin la disposition intime du corps. Combien la diète lactée n'a-t-elle pas reçu d'éloges pour la guérison des affections de poitrine, qui menaçaient de la phthisie, des hémoptysies

périodiques, des consomptions, des dar-
tres et autres affections cutanées, des douleurs vénériennes, des irritations des
voies urinaires, etc. Dirons-nous que
cette liqueur doit être proscrite dans les
affections chroniques, lorsque le corps
malade a une complexion lâche, humide,
cachectique ? L'emploi du lait dans cette
circonstance augmenterait le relâchement des fibres vivants, l'atonie des organes, aggraverait tous les accidents mor-
bifiques.

Pour que le lait puisse être administré
avec avantage, il faut, suivant le conseil
d'Hippocrate, que les organes gastrique
soient dans une bonne disposition, et
qu'il n'y ait pas de signes de saburres
dans les premières voies, d'embarras gastrique ou intestinal.

Du Chocolat. On le regarde comme
très nourrissant, et comme très propre
à réveiller les forces languissantes de l'estomac. Le sucre qui entre dans sa com-
position, et le jaune d'œuf ou le lait avec
lequel on le prend ordinairement, sont
encore des matières très nourrissantes.

La vanille, la canelle, et les autres
aromates dout on l'anime, sont capables

d'exciter l'appétit, fortifier l'estomac, etc.

De la Bière. La bierre adoucit et nourrit beaucoup; elle rafraîchit et relâche les fibres trop tendues. Pour cette raison elle convient mieux que le vin aux personnes d'un tempérament chaud.

La nécessité d'y faire bouillir du houblon se manifeste d'elle-même, puisque, sans cette ingrédient, nouvelle, elle serait toujours gluante ou aigre, pour peu qu'on la laissât vieillir.

Quoique l'on se soit imaginé que la bière nouvelle nettoie les vaisseaux urinaires, elle les remplit cependant à la longue d'une matière glaireuse, qui se durcit enfin, et peut se pétrifier.

Du Cidre. Le cidre de bonne qualité est aussi salubre que la bière. Bien des gens prétendent qu'il est utile aux mélancoliques et aux scorbutiques. Il y a cependant des personnes à qui il cause des tranchées.

Du Poiré, ou Cidre de poire. Liqueur vineuse et claire, qui, pour la couleur et le goût, ressemble au vin blanc. Le poiré est apéritif; il ne se conserve pas autant que le cidre. Lorsqu'on veut don-

ner à cette liqueur une qualité supérieure, on la fait fermenter dans des
bouteilles de grès ; alors elle mousse, pé-
tille, et le bouchon va frapper le plafond :
c'est le champagne de la Normandie.

Du Thé. Si l'on reçoit quelque utilité
de cette boisson, on doit principalement
la rapporter à l'eau chaude. Les parties
volatiles du thé qui y sont répandues
peuvent encore contribuer à atténuer et
résoudre la lymphe quand elle est trop
épaisse, et à exciter davantage la transpiration ; mais en même temps l'usage
immodéré de cette feuille infusée dans de
l'eau chaude relâche les fibres, affaiblit
l'estomac, attaque les nerfs, et en produit le tremblement ; de sorte que le
meilleur pour la conservation de la santé
est d'en user en qualité de remède, et non
de boisson agréable, parce qu'il est ensuite très difficile de s'en priver.

Limonade. Les limonades sont des boissons extrêmement employées : leur saveur
acide et sucrée les rend effectivement
agréables à boire, et les malades, comme
les gens bien portants, en font une grande
consommation. La limonade au citron est

très usitée comme boisson d'agrément dans les climats chauds, et dans la saison chaude des climats froids. On en consomme beaucoup dans les cafés, chez les glaciers, etc., où on la tient frappée de glace, pour qu'elle apaise davantage le sentiment de la soif, si excité par un haut degré de température. Elle le calme véritablement mieux que toute autre boisson.

Toutes les fois que la santé exige l'emploi des délayants, des rafraîchissants, on préfère le plus souvent pour remplir ces indications l'usage de la limonade à celui de toute autre boisson analogue. Il faut pourtant que les gens à qui on l'ordonne aient la poitrine en bon état: car on a remarqué que chez ceux qui l'on faible, cette boisson, et les acides en général, étaient nuisibles. Au surplus, on préférerait, en cas de doute, la limonade cuite.

ORANGEADE. Le suc exprimé d'orange, délayé dans de l'eau et adouci avec le sucre, fait une boisson que l'on appelle communément *orangeade*. Elle est très agréable en santé, propre dans les grandes chaleurs, et très utile dans la fièvre et le scorbut.

HYDROMEL. Boisson qui se prépare avec l'eau et le miel. Il est cordial et stomachique ; il dissipe les vents, guérit les coliques qui en proviennent, aide la respiration et résiste au venin. Nous lui avons substitué *l'eau sucrée*.

HYPOCRAS. Sorte de boisson qui se prépare avec du vin, du sucre, de la canelle, du girofle, du gingembre et autres ingrédients de cette nature. On en fait sur-le-champ avec de l'eau et des essences.

EAU DE FLEUR D'ORANGE. On distille une eau des feuilles vertes d'orange qui est très amère, et que quelques médecins recommandent aux personnes phlegmatiques et qui sont attaquées du scorbut acide.

KIRSCHWASSER. La liqueur que nous appelons en France *kirsch*, et que les Allemands nomment *kirschwasser*, est connue aujourd'hui de tout le monde, et personne n'ignore qu'elle est extraite des cerises. Il est certain que, lorsque le kirsch est bien fait, qu'il n'a ni âcreté ni goût d'empyreume, et qu'il a vieilli, non seulement il est très agréable à boire,

mais il jouit encore de la précieuse propriété d'aider la digestion, en réchauffant l'estomac par son spiritueux. Les
médecins recommandent cette liqueur
contre les indispositions, et comme préservatif dans certaines maladies.

NOTICES GASTRONOMIQUES.

Vin. De même que le blé procure le
principal aliment de l'homme, la vigne
lui fournit la plus agréable et la plus utile boisson. L'excès seul de cette liqueur
peut en empêcher les bons effets. En général, le vin, bu avec modération, répare les esprits, fortifie l'estomac, purifie le sang, favorise la transpiration, et
aide à toutes les fonctions du corps et de
l'esprit.

Votre cave est-elle épuisée, adressez-
vous à M. Hebert, marchand de vins,
aux Deux-Moulins; son enseigne est : *Au
Soldat laboureur.* Comment les ceps sur
lesquels il recueille ce doux jus ne seraient-
ils pas de première qualité?

Le seul dépôt des vins de Champagne
de la maison Moët et comp., d'Epernay,
est chez M. A. Jullien, marchand de vins
en gros, rue Neuve-des-Petits-Champs,

n. 91, où l'on trouve un grand assortiment de vins fins et de vins étrangers,
naturels et vieux.

Nous recommandons aux amateurs de
bons vin d'Espagne de visiter les maga-
sins de MM. RAVENEAU et comp , rue du
Mail, nº 5: ils y trouveront toujours en
bouteilles et pièces un assortiment complet de toutes espèces de vins d'Espagne
de première qualité, et en nature, à des
prix modérés.

Magasin de vins fins et ordinaires de
M. JOURDE, rue Saint-Honoré, n. 320,
au fond de la cour. *Vins ordinaires à
12 sous la bouteille.*

Vins en bouteilles, rendus à domicile,
franc de port, depuis 12 *sous* la bouteille
jusqu'à 10 fr. , rue Neuve-St-Eustache,
n. 3, et rue du Vieux-Colombier, n. 25.

Dépôt du magasin de vins fins et ordinaires en pièces et en bouteilles, eau-de-
vie, rhum, kirschwasser et liqueurs de
M. NORMAND, passage Choiseul, n. 80,
sous l'horloge.

FIN.